27
J
n 14227.

CONVERSATION
DU COMTE DE MIRABEAU
AVEC MONSIEUR
LE GARDE-DES-SCEAUX
DE FRANCE,

Au sujet de son Procès avec Madame son Epouse,

Suivi du Testament de M. l'Abbé POMMILR.

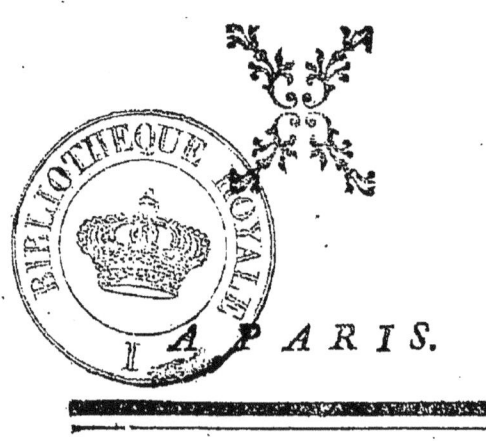

A PARIS.

M. DCC. LXXXIV.

A
MES CONCITOYENS.

La nécessité où je me trouve de publier de nouveaux malheurs, de nouvelles injustices, ne peut qu'être affligeante pour moi, indépendamment même des ennemis puissans qu'elle va me susciter. L'homme de bien ne peut desirer d'être sur la Scene que lorsqu'il s'agit de servir ses semblables. C'est quand on travaille pour le public qu'il est doux d'être sous ses yeux, animé par sa justice, éclairé par sa censure.

Mais quand on ne doit s'occuper que de soi ; quand on ne peut s'en occuper qu'en gémissant, on voudroit se dérober à la nature entiere ; on voudroit épargner aux hommes le spectacle affligeant de la modération inutile ; & la connoiſſance de cette triſte vérité, qu'on peut être à la fois infiniment honnête, & infiniment calomnié ; infiniment courageux, & infiniment opprimé. La juſtice même qu'on éprouve ne conſole pas de la pitié qu'on eſſuie.

N'importe ; outre ce qu'on doit à ſoi-même & au ſoin de ſon propre honneur; lorſque les injuſtices que l'on défere au tribunal du public, à ce tribunal qui juge tous les juges, tous les grands de la terre, intéreſſent la liberté individuelle, la propriété la plus chere de tout citoyen, en un mot les droits les plus éminents de la nature humaine, la répugnance qu'un homme doué de quelque pudeur reſſent à occuper les autres de ſes affaires particulieres, doit céder au devoir de dire, de ſoutenir, de publier toute vérité utile, à la défenſe de laquelle ſa ſituation l'appelle. Chacun peut & doit alors ſe conſidérer comme défenſeur de la ſociété. Chacun doit voir dans ſa cauſe celle de tous ſes concitoyens. C'eſt aux miens à juger ſi je ſuis en droit d'appeller leurs regards ſur les obſtacles preſque invincibles que j'ai rencontrés en réclamant sous un Prince infiniment juste la justice de son Conseil.

Le Mémoire que je réimprime venoit de paroître, & je n'en avois encore distribué qu'à une très-petite partie de mes Juges, lorsqu'un ordre de M. de Laurens de Villedeuil en a arrêté la publication. Le lundi 19 Avril on a demandé au Sieur Cuchet, mon Libraire, quel nombre d'exemplaires il m'avoit fourni; quel nombre il en avoit en magasin; & il a reçu l'injonction la plus sévere de n'en pas délivrer un seul à moi-même.

M. de Laurens de Villedeuil est Directeur de la Librairie; mais il étoit mon rapporteur. C'est à lui que je me serois adressé pour défendre mes droits s'ils eussent été blessés par tout autre que lui; à qui déférer l'injustice que je recevois de mon propre patron.

Je l'ai cru digne d'appeller à lui de lui. Accompagné d'un témoin respectable, j'ai couru lui représenter l'irrégularité, le défaut même de la délicatesse de sa conduite, & tous les soupçons qu'elle devoit m'inspirer sur sa partialité. *Je suis le bras de Monsieur le Garde-des-Sceaux*, m'a-t-il dit; & c'est le seul mot que j'aye à lui reprocher dans cette conversation, dont le résultat a été qu'il s'est déporté du rapport de mon affaire, & que j'ai pu le croire foible, mais non pas malhonnête.

Ce jour-là même, Mercredi 21, je me suis fait écrire chez Monsieur le Garde-des-Sceaux; il étoit à Paris dès la veille; mais il avoit fait insérer dans la feuille de Paris qu'il tiendroit les Sceaux & ne donneroit point audience.

Le lendemain je n'ai pas été plus heureux.

Le jeudi 23, Monsieur le Garde-des-Sceaux a retourné à Versailles. Je l'y ai suivi; sa porte m'a été fermée, & tellement fermée, que j'ai senti que dans la nécessité de pénétrer chez lui, l'incivilité de son suisse pourroit m'embarrasser.

J'ai été prévenir de la démarche à laquelle je me voyois forcé, & des suites que je craignois d'être obligé de lui donner, Monsieur le Baron de Breteuil, que je regarde comme le protecteur de la liberté des Citoyens dans une place où l'on y a trop souvent attenté.

Le jour d'après j'ai écrit à Monsieur le Garde-des-Sceaux pour obtenir une audience particuliere, & l'on n'a pas manqué d'indiquer à mon domestique l'heure de l'audience publique.

A une heure moins un quart, j'étois chez Monsieur le Garde-des-Sceaux. Son suisse m'a interdit l'entrée de l'escalier sous prétexte qu'il n'étoit pas une heure ; heureusement il m'a laissé celle de la cour.

Plus heureusement encore (car la bise étoit forte & je crachois le sang) du monde est arrivé, & j'ai suivi.

A deux heures & quart, Monsieur le Garde-des-Sceaux a paru. Je desirerois avoir l'honneur de vous parler en particulier, lui ai-je dit; & il m'a prié d'attendre. Trois personnes arrivées long-temps après moi sont entrées avant dans le cabinet, après quoi le sallon se trouvant vuide, j'ai été admis; & voici mot à mot ma conversation avec Monsieur le Garde-des-Sceaux.

Moi.-- Monsieur De Laurens de Villedeuil doit vous avoir écrit, Monsieur, qu'il se déportoit du rapport de mon affaire.

M. le Garde-des-Sceaux-- Il ne me l'a point encore écrit, il me l'écrira sans doute.

Moi.-- Vous devinez, quels sont ses motifs.

Monsieur le Garde-des-Sceaux.-- Non, Monsieur.

Moi. Il a cru devoir se récuser d'après la sensibilité que je lui ai témoignée sur la suppression arbitraire de mon Mémoire, que vous avez ordonnée, Monsieur, & que sur votre ordre il a exécutée.

M.

M. le Garde-des-Sceaux. — Commencez, Monsieur, par rayer de votre Dictionnaire le mot *arbitraire*.

Moi. — Monsieur, je vous connois pour le chef de la Magistrature, & non pour le censeur de mon Dictionnaire.

M. le Garde-des-Sceaux. — Mais, Monsieur, c'est que ce mot *arbitraire* est fort étrange.

Moi — C'est cependant, permettez-moi de vous le dire, un des plus usuels du pays. D'ailleurs il m'est facile en cette occasion de le justifier dans toute son étendue.

Assailli de Libelles horribles, j'imprime pour ma légitime défense dans une instance au Conseil, un Mémoire signé de huit Avocats estimés & célèbres : ce Mémoire, remarquable par sa modération, est arrêté chez mon Imprimeur au moment même de sa publication ; au moment où je commence à le distribuer à mes juges, il est arrêté par votre ordre, à vous, Monsieur,

B

qui n'en pouvez donner qu'au nom de la Loi & comme son organe. Or vous êtes Chef des tribunaux, Monsieur, mais vous n'êtes pas un tribunal. Donc une suppression dont vous êtes le seul auteur est une suppression arbitraire ; & cet arbitraire devient atroce quand l'instrument en est mon rapporteur ; c'est-à-dire celui que vous avez nommé au nom du Roi pour discuter & défendre mes droits. *Je suis le bras de Monsieur le Garde-des-Sceaux*, m'a-t-il dit ; & il n'a pas rougi. Je ne connois rien de plus vil qu'un tel mot. Je ne connois rien de plus effrayant que de voir réunis sur la même tête le caractere de Magistrat & celui de satellite du despotisme. Je ne connois rien de plus horrible que d'être assassiné par la maréchaussée. Je ne m'en dédis donc pas, Monsieur ; la suppression de mon Mémoire est également arbitraire & atroce.

M. le Garde-des-Sceaux. --- La suppression de votre Mémoire n'est point arbitraire, Monsieur. Il est une Loi du Conseil qui défend d'imprimer les Requêtes en cassation, jusqu'à ce qu'elles soient devenues contradictoires.

Moi. --- Je n'ai point imprimé ma Requête en cassation, Monsieur ; & l'eusses-je imprimée, la prétendue Loi que vous attestez, créée par la haine la plus active, & des craintes très-pusillanimes pour le seul Linguet, n'a jamais été exécutée que pour lui. L'esprit de la véritable Loi constitutive du Conseil est, vous n'en doutez pas, diamétralement contraire au Réglement que vous voulez faire revivre. Car c'est au Conseil & non pas au Bureau des Cassations que l'Ordonnance de 1737 donne la faculté de prononcer définitivement sur les demandes en cassation. Le Bureau des Cassations n'est chargé, comme les Commissaires dans les Cours Souveraines, que *d'examiner* préliminairement, avec le Maître des Requêtes à qui le rapport est confié, les raisons du demandeur. *Examiner*, c'est le mot de la Loi. L'objet de cet établissement est de donner à la partie intéressée plus de Juges instruits, parce qu'un comité particulier doit être plus exact &

plus tranquille que l'assemblée entiere du Conseil. Mais ce qui est imaginé en faveur du plaideur, ne doit pas lui nuire. De ce qu'on a voulu lui assurer l'avantage que son affaire fût mieux instruite, il ne s'ensuit pas qu'elle doive être plus mal instruite. De ce que les Commissaires du Bureau doivent un examen plus réfléchi, il ne s'ensuit pas qu'ils aient le droit d'examiner seuls, & d'empêcher le plaideur d'instruire ses autres Juges. En un mot, l'Ordonnance donne à tout plaideur au Conseil plus de 80 Juges; quelle légion de copistes faudra-t-il donc qu'il soudoie s'il ne peut pas faire imprimer ses défenses? Et sa consolation la plus sûre, après tant de dépenses & de perte de temps, ne sera-t-elle pas la certitude de n'être pas lu?

M. le Garde-des-Sceaux. — Monsieur, ces détails sont inutiles, & tout votre raisonnement n'est que spécieux; car enfin il est d'usage que le Bureau des Cassations admette ou rejette souverainement les Requêtes en cassation, & l'on ne changera pas pour vous l'usage.

Moi. — Monsieur, il ne peut pas y avoir aux pieds du Trône d'usage contraire aux Loix. D'ailleurs, celui dont vous parlez est évidemment nuisible aux parties qu'il livre à la discrétion de cinq ou six Juges, tandis que le Législateur leur en a assuré au moins quarante. Cet usage est injurieux à la portion du Tribunal qu'il exclut, & de plus il est d'un très-dangereux exemple. Les arrêtés du Bureau des Cassations sont érigés en Arrêts du Conseil & en acquierent la forme. Ce sont donc autant de faux qui se commettent au pied du Roi; & en son nom; au nom de la Jurisdiction suprême qui a un rapport plus direct avec lui, qui a l'exercice plus immédiat de son autorité. Au reste, je n'ai point encore d'intérêt à attaquer l'usage dont vous parlez, & je ne puis me dispenser de discuter le droit, quand je n'ai qu'un simple fait à vous rappeller. Tout le monde imprime des Mémoires sur les demandes en cassation, vous le savez; vous l'approuvez; vous le conseillez même à ceux que vous protégez. Pour moi seul, vous vous rappellez aujourd'hui qu'il est une Loi qui peut me priver de tout moyen de repouſſer la calomnie, & d'être entendu dans mes défenſes; vous reſſuſcitez cette Loi, très-commode, j'en conviens, puiſqu'elle rend M. le Garde-des-Sceaux maître unique des Caſſations par le choix du rapporteur; & cette Loi vient m'écraſer moi ſeul, parce que vous ne me croyez pas les moyens de réclamer aſſez fortement contre elle. Certes, Monſieur, la méthode n'eſt pas nouvelle; mais la maniere eſt cruellement ingénieuſe.

M. le Garde-des-Sceaux. --- Monſieur, vous n'êtes pas juge des manieres.

Moi. --- Non, Monſieur; mais en ce genre le Roi l'eſt.

M. le Garde-des-Sceaux. --- Eh bien! Monſieur, allez vous plaindre à lui de ſes Loix.

Moi. --- De ſes Loix! de ſes Loix! ah! Monſieur, nous n'en ſommes plus à ne pas ſavoir comment ſe font les Arrêts du Conseil! Lequel de vos commis de confiance n'en a pas fait cinquante en sa vie?

M. le Garde-des-Sceaux. -- Monsieur, j'ai supprimé votre Mémoire en vertu de la Loi ; je crois que par ce seul mot notre conversation est finie.

Moi. -- Non, Monsieur, elle ne l'est pas, & vous m'entendrez, parce que vous êtes fait & proposé pour m'entendre. Vous savez ou devez savoir mieux que moi que nous vivons accablés d'un monceau de Loix qui ne nous laisseroient pas respirer si la plupart n'étoient pas oubliées. Je ne nierai donc pas que telle ou telle Loi existe en France ; car je ne voudrois pas parler qu'il n'en existe pas quelqu'une pour décider qu'il est jour à minuit. Mais je dis qu'il est infiniment tyrannique de faire revivre des loix oubliées comme impraticables, inutiles, injustes, folles ou absurdes, pour opprimer, dans tel moment donné, un Citoyen qui, s'il n'est pas homme à crédit, ne peut pas lever le bras sans risquer de heurter une de vos Loix. Eh! quel plus détestable abus d'autorité que de les rendre ainsi complices de l'oppression; de les changer, de les réformer, de les dénaturer au gré de la faveur !

M. le Garde-des-Sceaux. -- Monsieur, nous ne sommes point ici pour faire des discussions philosophiques.

Moi. -- Monsieur, je n'ignore pas que ce cabinet est peu accessible à la philosophie; mais il ne doit pas être inaccessible au bon sens.

M. le Garde-des-Sceaux. Ah ! le bon sens ! Eh bien, Monsieur, que dit le bon sens ? Je serai enchanté de l'entendre parler par votre bouche. C'est une très-bonne chose que le bon sens !

Moi. -- Oui, Monsieur. le bon sens est bon à tout, même aux variétés amusantes..... mais je parlerois long-temps si j'entreprenois de vous répéter tout ce que dit le bon sens de vous, Monsieur, & des arrêts du Conseil faits dans vos bureaux;

je

je m'en tiendrai donc au cas particulier, & je tâcherai de vous faire entendre, par un exemple connu de vous, ce que je voulois vous dire au nom du bon sens.

Dans une compilation indigeste autant qu'indécente & de mauvais goût, intitulée : *l'Espion dévalisé*, dont vous avez beaucoup à vous plaindre; on a inféré quelques vers & l'extrait d'une lettre connue pour être de moi. Dès-lors il vous a plu de me soupçonner d'être l'auteur de toute la brochure; ce qui prouve, permettez-moi de vous le dire, que vous vous connoissez mieux en arrêt du Conseil qu'en style. *L'Espion dévalisé* est un Libelle très-violent; or il existe une loi en France qui condamne les libellistes à la corde. Oserois-je vous demander, Monsieur, si avant que Monsieur le Noir vous eût appris quel étoit le véritable auteur de *l'Espion dévalisé*; (ce qui n'a pas détruit les impressions défavorables que le premier soupçon a versées dans votre ame contre moi :) oserois-je vous demander si vous m'auriez fait pendre en vertu de cette loi?

C

M. le Garde-des-Sceaux. --- Monsieur, la question est inutile ; & l'on sait assez que je pardonne tous les jours des injures personnelles.

Moi. --- Monsieur, c'est que vous n'êtes pas sanguinaire. Mais la question n'est pas inutile ; car cet exemple particulier prouve à merveille qu'il est des loix abrogées par le fait en France où l'on ne sait pas même les abroger autrement ; & voilà, pour le dire en passant, pourquoi elles y sont si respectées. Or s'il est une loi abrogée par le fait, c'est assurément ce réglement du Conseil sous lequel vous voulez m'écraser, & auquel je vous citerai depuis le commencement de cette année plus de deux cens infractions.

M. le Garde-des-Sceaux. --- C'est qu'apparemment je les ai ignorées.

Moi. --- En ce cas, Monsieur, vous êtes bien mal instruit ; & je suis très-malheureux que votre Mémoire & votre vigilance ne se réveillent que pour moi, & d'une maniere si fatale.

M. le Garde-des-Sceaux. — Monsieur, je vous ai dit la loi ; vous savez le fait ; je n'ai rien de plus à vous dire. Je ne vous dois nul compte de ma conduite ; je n'en dois compte qu'au Roi. Vous auriez dû l'apprendre avant que d'entrer ici.

Moi. — Monsieur, veuillez faire quelque attention à ma réponse. Quand j'ai apporté dans ce cabinet mes représentations, j'ai cru parler au Chef de la Magistrature protecteur de tous les droits, & pour ainsi dire, médiateur entre le Souverain & les Loix ; & non à un Visir qui n'a de règle que sa volonté & son bon plaisir. Je respecte la Magistrature & son Chef ; je méprise trop le Visirat & les Visirs pour les redouter. J'ai pesé ma démarche, j'en ai calculé les suites ; je connois le caractere moral du Roi, & les principes de la plupart de ses Ministres. J'irai droit au Souverain. Je lui déférerai le déni de justice que vous me faites éprouver en cet instant, & ne croyez pas que rien puisse m'intimider dans cette poursuite. Elle est plus sérieuse pour vous que pour moi ; car vous avez quatre cens mille livres de rente & une grande place à perdre ; & moi qui ne risque rien, je m'assure tout au moins le plaisir de ne pas diminuer le nombre de vos ennemis. Réfléchissez-y donc ; je ne veux, ni ne puis desirer un éclat ; il ne m'est bon à rien. Rendez-moi, par tolérance même si vous voulez, mes Mémoires ; & tout est fini ; mais je ne céderai pas ; je vous jure sur mon honneur que je ne céderai pas : & si vous parvenez à étouffer mes réclamations, ce qui est possible ; en frappant du pied à terre, j'en ferai sortir dix mille exemplaires d'un Mémoire dont on saura l'Histoire & l'occasion.

M. le Garde-des-Sceaux. -- Monsieur, si cela arrive, par considération pour vous, je voudrai l'ignorer.

Moi. -- Eh bien ! Monsieur, je tâcherai que vous seul dans le Royaume & même en Europe, l'ignoriez.

Au sortir du cabinet de M. le Garde-des-Sceaux, j'ai porté à M. le Prince de Poix la lettre suivante pour le Roi.

SIRE,

» Je défere à Votre Majesté un déni de justice qui ne me laisse d'espérance que dans son équité & sa bonté personnelles.

Au milieu d'un Procès soumis à son Conseil, qui compromet mon existence civile & mon honneur, j'ai fait imprimer un Mémoire remarquable par sa modération, & signé de huit des plus célebres Avocats du Barreau de Paris.

Je commençois à le présenter à mes Juges, lorsque votre Garde-des-Sceaux en a fait arrêter la publication, quoiqu'il ait laissé circuler dans le Royaume des milliers de Mémoires calomnieux, qui n'ont d'autre objet que de me diffamer. C'est par le rapporteur qui m'avoit été donné au nom de Votre Majesté, que le Chef de la Justice a fait exécuter cet Acte de violence, de sorte que je suis opprimé par celui-là même qui devoit me protéger. Je dis, *cet Acte de violence*, Sire, car si mon Mémoire doit être supprimé, c'est légalement qu'il doit l'être, c'est légalement que je dois être puni, & non pas par un ordre arbitraire émané de celui qui fait serment de n'en jamais souffrir dans l'administration de la justice.

Qui osera soutenir à Votre Majesté que je n'ai pas le droit d'être entendu dans mes défenses, tandis que mes adversaires ont eu la liberté d'attenter à mon honneur par les violens Libelles ? On vous dira, SIRE, qu'un Réglement du Conseil interdit l'impression des Requêtes en cassation : mais je n'ai point imprimé une Requête en cassation & d'ailleurs ce Réglement fait pour le seul Linguet, est absolument tombé en désuétude. Chaque jour offre des exemples nombreux de défenses imprimées relativement aux demandes en cassation, la marche que j'ai suivie est la marche ordinaire & commune ; on cachera d'ailleurs à Votre Majesté que les Commissaires nommés pour l'examen des demandes en cassation, ne sont qu'*examinateurs*, que par le Réglement de votre Conseil ; tout citoyen qui s'y pourvoit, a pour Juges tous les Membres de ce Conseil : ils sont près de cent ; comment instruirai-je leur religion, si l'on me ravit mes défenses ?

Sire, six siecles ont vu, de génération en génération, mes peres verser leur sang pour le service de leur Roi. Eh bien ! je ne demande à Votre Majesté nulle faveur. Mais, également opprimé par ceux à qui elle confie le soin de rendre justice à ses peuples, & par celui qu'elle a nommé le Chef de la Magistrature, je demande qu'un signe de Votre Majesté en impose à ceux qui violent en moi les droits les plus sacrés de vos sujets ; je demande la liberté de me défendre, je demande de ne pas être jugé sans être entendu, je demande JUSTICE. Son plus beau temple est dans votre cœur, ne souffrez pas qu'aux pieds de votre Trône on en ternisse la pureté. «

Je suis avec le plus profond respect,

De VOTRE MAJESTÉ,

Le plus humble, le plus obéissant & le plus fidele serviteur & sujet,

Le Comte de MIRABEAU, Fils.

A Versailles, 23 Avril 1784.

M. Le Prince de Poix a parfaitement concilié le rôle d'homme de cour & celui de citoyen vertueux. Il m'a parlé de mon affaire avec la loyauté d'un généreux militaire & la politesse d'un courtisan aimable. Il m'a demandé d'agréer qu'il s'en expliquât avec M. le Garde-des-Sceaux ; & m'a donné parole que s'il n'en obtenoit pas satisfaction, il remettroit ce jour-là même ma lettre au Roi.

M. Le Prince de Poix a religieusement rempli ses engagemens ; & sur la relation qu'il a bien voulu me faire de la conversation avec M. le Garde-des-Sceaux, j'ai écrit à celui-ci la lettre suivante.

Monseigneur,

» M. Le Prince de Poix, que j'avois prié de vous voir avant de remettre ma lettre au Roi, m'a fait l'honneur de me dire que vous prétendiez *avoir infiniment à vous plaindre de moi* : je vous respecte trop pour croire que j'aie aucun autre intérêt à combattre cette opinion, que celui de vous détromper

tromper pour vous-même ; car il n'est pas possible que des sujets de plainte qui ne vous seroient que personnels pussent influer dans votre conduite de Chef de la Magistrature.

Je ne croyois pas, Monseigneur, que depuis l'explication très-loyale & très-complette que j'eus l'honneur d'avoir avec vous à Fontainebleau, il vous restât le moindre doute sur l'Auteur d'un livre trop au-dessous de moi, j'ose le dire, ne fût-il pas un Libelle, pour que vous eussiez dû me soupçonner un instant de l'avoir écrit, & je ne sache pas que vous m'ayez jamais fait un autre reproche.

M. Le Prince de Poix m'a ajouté que vous prétendiez avoir arrêté mon Mémoire sur la plainte de Madame de Mirabeau, qui vous l'avoit déféré comme *contenant des injures atroces contre elle.*

Mais, Monseigneur, comment auriez-vous pu me juger sur une imputation absurde sans la vérifier ? Je dis *absurde* : car comment supposer sans preuves décisives

D

que j'ai vomi des atrocités contre la femme que je redemande ? Et si vous avez lu mon Mémoire, comment ne savez-vous pas qu'il est impossible d'en citer un autre plus décent & plus modéré ?

Madame de Mirabeau a fait circuler & fait circuler encore à Paris, à la Cour & dans tout le Royaume des Libelles vraiment atroces contre moi : j'y réponds par la discussion la plus irréplicable, il est vrai, mais la plus modérée; & c'est ma discussion que l'on supprime ! Le Réglement du Conseil purement circonstanciel & éphémere ne sera exécuté que pour moi seul ! car qui ne l'enfreint pas chaque jour ? Moi seul je ne pourrai pas être entendu ! Moi seul je ne pourrois pas instruire mes Juges, qui, étant près de cent, ne peuvent assurément pas connoître ma cause sur des défenses manuscrites. Vous le savez, Monseigneur, les Commissaires des Requêtes en cassation ne sont précisément qu'*examinateurs*, TOUS LES MEMBRES DU CONSEIL EN SONT SEULS LES JUGES: & comment instruirai-je leur religion maintenant que mes défenses me sont ravies ?

Monseigneur, vous devez être trop au-dessus d'une erreur pour balancer à la rétracter quand elle vous est connue. Convenez, daignez convenir que les sollicitations de Madame de Mirabeau & le zèle de ses amis vous ont exposé à un peu de précipitation. Il m'auroit été doux de n'attendre & de ne recevoir justice que de vous. Vous avez voulu que je recourusse au Souverain ; c'est sans doute pour que personne ne puisse vous imputer le dénouement quelconque de cette affaire ; c'est pour ne pas risquer de faire un mécontent. Ce sentiment plein de bonté est digne de votre ame & j'y compte trop sincérement pour douter que ni la diversité de nos opinions dans la conversation que j'ai eu l'honneur d'avoir hier avec vous, ni les mécontentemens anciens qui, dans un cœur moins généreux que le vôtre, pourroient survivre au soupçon, (car on pardonne rarement à celui que l'on a pu soupçonner même injustement) puissent influer sur le choix que vous allez me faire d'un nouveau rapporteur. Je prends la liberté de vous demander MM. de Boisgibaut, de Rouillé, l'Abbé Royer. Veuillez me faire savoir auquel vous confiez le rapport de mon Procès, & ne pas douter que je compte sur un choix d'autant plus religieux de votre part, que j'ai pu vous soupçonner un instant d'avoir conçu contre moi des préventions défavorables.

Je suis avec respect,

A Versailles, le 25 Avril 1774.

Ma lettre au Roi a, dit-on, été remise selon l'usage à Monsieur le Garde-des-Sceaux. Aujourd'hui que j'écris, mes Mémoires sont encore supprimés; & j'ignore absolument ce que me prépare le sort.

Ce n'est pas un médiocre inconvénient des grandes monarchies que le Souverain y soit obligé de s'adresser à l'homme en place même sur lequel il reçoit une plainte, pour s'inſtruire de la vérité ou de la fauſſeté de cette plainte, ce qui rend toujours à un certain point l'homme puiſſant juge & partie. On ne ſauroit ſe diſſimuler que le recours perſonnel au ſouverain ſera très-illuſoire auſſi long-temps qu'on n'obtiendra pas de lui des audiences. Le plus impoſant de nos Rois; celui qui eut le ſentiment le plus continuel, le plus fier, & peut-être le plus exagéré de ſa dignité perſonnelle, Louis XIV n'en a jamais refuſé. Qui plus que Louis XVI eſt digne d'imiter cet exemple de juſtice & de magnanimité! Puiſſe la voix d'un particulier lui porter l'opinion & le vœu unanime de ſes ſujets! Puiſſions-nous parvenir à nous faire entendre du Prince, dont tous ceux qui ont le bonheur de l'approcher diſent: *il eſt le plus honnête homme de ſon Royaume;* éloge rare! Et avant lui bien plus rarement mérité! Je me réſignerois ſans peine à devenir encore une fois victime d'un parti trop puiſſant & ſur-tout trop pécunieux pour que je me promette de le combattre avec ſuccès, ſi cet écrit, deſtiné à gagner ma cauſe du moins au tribunal du public, donnoit à quelques-uns des honnêtes-gens que nous défigne l'amitié du Roi, le courage ou l'occafion de lui parler du devoir de faciliter aux citoyens les moyens de l'aborder & d'en appeller à lui des injuftices commifes en fon nom !

De toutes ces injuftices il n'en eft pas une plus évidente, ni plus odieufe, que la profcription arbitraire de la juftification d'un citoyen avant qu'on ait prononcé fur fa caufe; avant même qu'on ait examiné fes défenfes. Et comment donc expliquer ce renverfement inconcevable de toutes les idées, de tous les droits, de toutes les formes ? Quoi c'eft l'accufé) car je le fuis enfin ; je le fuis dans toutes les parties de mon exiftence morale,) c'eft l'accufé qui cherche la lumiere ! ce font les délateurs qui invoquent les ténebres ! c'eft lui qui provoque l'examen ! Ce font eux qui étouffe toute difcuffion ! Quel eft donc cet étrange combat de l'innocence, qui fe préfente fans ceffe & qu'on écrafe, contre la calomnie qui fuit & qu'on couronne ! Pourquoi me frapper en filence & m'empêcher de le rompre ? Pourquoi cette affectation à tout cacher, si l'on a de quoi me confondre ? Pourquoi ne pas me laisser hélas ! la foible, mais consolante ressource de donner aux citoyens honnêtes qui ne jugent pas sans examen, de quoi répondre à ceux qui ne craignant pas d'être à la fois & sans cesse accusateurs & juges, décident, égorgent, déchirent dans les cercles avec une légèreté si cruelle ?

Eh ! à quoi donc aboutiront tant de coupables manœuvres ? Je puis être accablé dans les tribunaux, car mes adversaires ont tous les avantages que procurent l'opulence, le crédit & la bassesse ; mais mon courage & ma volonté me restent ; c'est assez pour instruire le public & couvrir d'opprobre ceux qui cherchent à le séduire, comme si le public pouvoit être trompé long-temps. Je vois tout, je sais tout, mon ame élevera mon génie, je burinerai ma vengeance : Oui, je l'annonce & ma prédiction ne mentiras pas: un jour viendra où la nation entiere saura l'Histoire de mon Procès, & ma voix, dès long-temps effayée aux vérités hardies, dévoilera tous les détails des trames les plus odieufes qui aient jamais deshonoré l'ordre judiciaire & le temple de la juftice.

TESTAMENT
DE MONSIEUR
L'ABBÉ POMMIER.

TESTAMENT
DE MONSIEUR
L'ABBÉ POMMIER,

JE recommande mon ame à Dieu, lui demandant très-humblement pardon & à Juſtice, à mes parens, voiſins, amis & amies, ſervantes & valets, de tous les ſcandales que j'ai donnés au Palais, dans ma maiſon & autres mauvais lieux.

Je veux qu'après mon décès, ouverture de mon corps ſoit faite, pour en extraire les Epices, dont mon confrere l'Epicier du coin pourra s'arranger, à la charge de fournir, *gratis*, le luminaire de mon convoi & de faire dire six mille messes aux Grands Cordeliers pour le repos de mon ame.

Item. Je donne & legue aux pauvres de ma paroisse ce qui me reste dû au greffe sur les Arrêts de défenses, les référés, les appointemens à mettre, &c. &c. &c.

Item. Je donne & legue à mon confrere l'Abbé de l'Attaignant, les Arrêts de défenses ou le département de la plume, n'ayant besoin de l'engager à mettre peu de différence entre son exercice & le mien, & de profiter de mon exemple pour être en garde contre la brûlure. Je lui rends avec plaisir l'hommage que je ne trouve personne en Grand-Chambre plus habile à recueillir cette partie de ma dépouille.

Item. Je donne à M. Boula de Montgodefroy l'utile département des saifies réelles, l'avertissant que j'en crains une plus utile suppression.

Item. Je donne à mon intime ami M. d'Amecourd ma pendule à carillon, à la charge de les faire tous sonner en présence des créanciers d'Haudry, pour les distraire sur l'Arrêt d'ordre de leur direction, qui, vû ses deux mille huit cens rôles, n'a coûté pour la seule signification que deux cens cinquante-deux mille livres, sans parler des trois mille cinq cens vacations valant trente-trois mille livres, dont trois mille livres pour *M. d'Aligre*, & trente mille livres pour mon susdit ami M. d'Amecourd, qui doit employer tout l'art qu'il a reçu de la nature, à éluder tout projet de réforme d'épices & vacations, ou s'il ne peut y réussir, à négocier avec l'Administration une bonne indemnité en faveur de la justice gratuite.

Item. Je donne à M. d'Aligre tous mes vins de Champagne, le priant de ne le verser qu'à Messieurs, pour qu'il ne soit plus taxé à l'avenir d'empoisonner la cour des Pairs : j'espere qu'il voudra bien être mon exécuteur testamentaire. Je l'exhorte à soutenir l'utilité des relations du commerce entre le Cirier & l'Epicier, & où M. Hue de Miroménil, Crispin, (déclaré incurable au Quinze-vingt,) seroit dispensé de service. M. le premier Président doit tâcher de lui succéder, malgré ses répugnances, parce que si la modestie lui faisoit scrupule, à raison de tous les inconvéniens de sa personne, il pourroit prendre pour Jokey M. de la Verdy, avec promesse de le ramener en croupe au Conseil.

Si ce projet n'avoit l'aveu de personne, il faudroit proposer de faire tenir les Sceaux par une commiſſion, comme il s'eſt fait par l'ordre du Dauphin Charles, ſous le régne de Charles VI. de glorieuſe mémoire, ou comme en 1622, ſous Louis XIII. qui donna ſes Sceaux à garder à ſon valet-de-chambre Galleteau : ce ſeroit d'autant plus curieux en ce moment, qu'il y auroit un premier Préſident diſpenſé des trois quarts de ſes fonctions ſans perdre ni épices ni vacations, & un Garde-des-Sceaux exempt de tout ſervice, en continuant de profiter de ſes jettons & de ſa cire.

Item. J'inſtitue mon légataire univerſel, M. de Sainey, qu'on avertira huit heures après ma mort, déshéritant, autant que beſoin pourroit être, parens, neveux, nièces, nés & à naître, & même tous bâtards (à qui Dieu faſſe paix,) s'il s'en trouvoit aucun au jour de mon décès.

www.ingramcontent.com/pod-product-compliance
Lightning Source LLC
Chambersburg PA
CBHW060510050426
42451CB00009B/903